L. GUY

NOTAIRE

Le Symbole

ou

Les Forces morales

du Notariat

BORDEAUX

IMPRIMERIE Y. CADORET

G. DELMAS, Successeur

17, Rue Poquelin-Molière, 17

1918

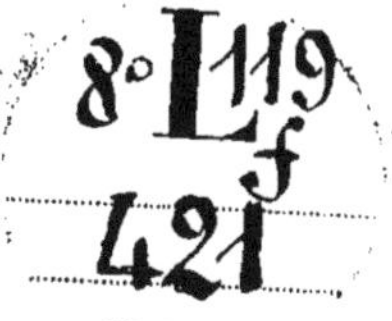

L. GUY

NOTAIRE

Le Symbole

ou

Les Forces morales

du Notariat

BORDEAUX

IMPRIMERIE Y. CADORET

G. DELMAS, Successeur

17, Rue Poquelin-Molière, 17

1918

Lettre-Préface.

***

Bordeaux, le

Mon cher Confrère,

Votre livre sur « Les Forces morales du Notariat » me paraît venir à son heure et j'ai la conviction que sa lecture, très attrayante d'ailleurs, peut être utile au Notariat.

Il sera utile, à mon sens, à deux points de vue : il dira au public quel est le véritable rôle joué dans la société par le Notariat, et peut-être appellera-t-il aussi l'attention du Notariat lui-même sur son rôle social.

La Force morale dont vous parlez est, en définitive, une force sociale et, à ce titre, vos idées me paraissent devoir être encouragées et développées dans le monde nouveau que les événements actuels vont créer. Il ne sera certes pas facile de souder l'avenir au présent, toutes les énergies devront s'y employer et si une ère de prospérité doit récompenser, dans l'avenir, les efforts individuels, il est incontestable que ces efforts seront en très grande partie les facteurs mêmes de cette prospérité.

Le Notariat ne s'est peut-être pas, jusqu'ici, rendu compte suffisamment de sa force et de son rôle dans la société ; il vivait comme il avait toujours vécu de temps immémorial et ne demandait qu'une chose : qu'on ne s'occupât pas de lui. Ce n'est plus suffisant aujourd'hui : pour vivre et se défendre, il faut que le Notariat ait conscience de sa force, conscience du rôle qu'il joue dans la société et, pour cela, nous devons tous réunir nos efforts. C'est, encore une fois, à ce point de vue-là que votre livre sera du plus grand intérêt et de la plus grande utilité.

Pour réaliser ces espérances, vous comptez trop sur le concours du Président actuel du Congrès pour qu'il ne réponde pas à votre invitation et ne donne pas à votre livre la préface que vous lui demandez. Je ne veux pas la faire plus longue et retarder le plaisir qu'auront vos lecteurs à lire vos considérations sur les Forces morales du Notariat. Je souhaite que vos lecteurs soient nombreux : votre livre est à tous points de vue de nature à les intéresser et à servir notre profession.

A. Coste,
Président du Congrès des Notaires de France.

Avant-Propos.

M. Jean Bon, député socialiste, disait à la Chambre, lors de la discussion de la loi sur les fraudes fiscales : « Les notaires sont des gens qui réfléchissent » (*Journal officiel* du 21 décembre 1917).

Cette phrase, lancée par l'honorable parlementaire, était-elle un hommage rendu volontairement au notariat? Peut-être ! mais en tout cas, elle exprimait une vérité qu'il me plaît de retenir.

Avant la guerre, il était d'usage constant de se critiquer entre Français et de n'admettre comme parfait que ce qui venait de l'étranger.

. Le danger a changé heureusement l'état d'esprit général en France, et l'union sacrée a montré au Monde étonné que notre liberté de discussion n'avait pas altéré nos sentiments du devoir.

C'est pourquoi, de toutes parts, les encouragements nous sont venus et les félicitations chaleureuses nous ont été prodiguées.

Ces compliments, s'adressant à tous les Français, m'ont été un encouragement à exposer ce qu'il faut, en particulier, penser de la grande famille notariale qui a joué, depuis un siècle, un rôle important dans les affaires de France.

Nous ne pouvons plus nous contenter de la maxime de Boileau :

Aimez qu'on vous conseille et non pas qu'on vous loue.

Un examen de conscience constatera nos défauts, préparera leur correction et indiquera aussi nos qualités.

Mais mon autorité est bien faible pour un tel objet.

Le sujet à traiter est très vaste, et ce que je présente ici n'est qu'une ébauche. Telle qu'elle est, je serais satisfait, si je pouvais espérer avoir fait œuvre utile et recevoir l'assentiment de quelques-uns des membres de notre corporation.

L. Guy, notaire.

Le Symbole

ou

Les Forces morales du Notariat

CHAPITRE PREMIER

L'île de Chantemerle.

Lorsqu'au printemps, alors que la nature s'est réveillée de sa torpeur d'hiver, le touriste, après la visite de M..., dirige ses pas vers la vállée de la Seine, en suivant le cours du fleuve, et arrive dans le site charmant de la grande presqu'île, il est émerveillé par le spectacle qui s'offre à son regard.

Il aperçoit à ses pieds la large rivière qui se déroule en gracieux contours.

Sur la rive gauche, s'étend une vaste plaine

sablonneuse, recouverte d'un immense tapis de
verdure, d'où émergent d'innombrables fleu-
rettes, aux vives couleurs. De nombreux arbus-
tes (cerisiers et abricotiers) à peine plus grands
que ceux du pays du « Soleil Levant » présentent aux rayons vivifiants de l'astre du jour
leur tête couronnée de tendres fleurs roses et
blanches qui se transformeront bientôt en jolis
fruits à la chair savoureuse. Puis, des sapins
aux émanations bienfaisantes lancent vers le
ciel leurs cimes pointues aux reflets argentés.
Et, au fond, la forêt barre, de sa masse touffue,
le regard qui s'y perd.

Sur la rive opposée, la vue est fixée par la
colline aux pics neigeux qui sortent de ses
flancs dont les formes si particulières leur
donnent l'expression de monstres préhistori-
ques. Ces crêtes et les vallonnements qui les
séparent constituent des dessins d'un bel effet;
ils retiennent l'attention, reportent la pensée
vers les temps reculés qui virent la formation
de notre globe terrestre et font songer à la vie
difficile qu'eurent nos ancêtres à l'époque des
premiers âges.

Si les anciens habitants de cette contrée ne
connurent pas les *boches*, ils eurent néanmoins
à se défendre pour préserver leur vie de
l'inondation, terrible fléau de l'époque, et de

l'attaque des fauves, nombreux et puissants. C'est pourquoi ils creusèrent des cavernes, dont quelques-unes, modernisées, il est vrai, existent encore dans la colline, sous le nom de *Boves*.

Ces caves servaient en même temps à loger les familles et leurs animaux domestiques et notamment les bœufs, d'où, sans doute, ce nom de Boves.

Au pied de la falaise glisse une route en douces ondulations ; elle relie les quelques villages qu'on y trouve.

A V..., le premier qui borde la Seine, le paysage change d'aspect ; la petite montagne est disloquée et il semble qu'une main invisible, mais impérieuse, se soit appesantie à cet endroit. L'un des versants est aplati, comme repoussé violemment, et il laisse apparaître des petites vallées d'où coulent des ruisselets, apportant leur tribut au grand fleuve. Ces vallées peuvent figurer les empreintes des doigts de la main, dont la paume servirait d'assise au bourg.

Là, point de chemin de fer, seuls les bateaux troublent le calme de la vraie campagne où les artistes viennent s'inspirer de la nature pour cultiver leur art. Ce coin de l'Ile-de-France a été le berceau de la renommée de peintres célèbres et notamment de Claude Monnet, dont les admirables tableaux reproduisent du paysage les effets saisissants.

Plus loin, H... s'élève en amphithéâtre avec son église creusée dans le roc, d'où émerge le toit pointu semblable à un périscope de sous-marin au-dessus des flots. Village insignifiant par lui-même, mais de renommée ancienne par le souvenir de notre grand Boileau, qui fut un de ses habitants et laissa, pour la postérité, les vers suivants qui dépeignent ce coin de campagne avec chaleur :

> Oui, Lamoignon, je fuis les chagrins de la ville,
> Et, contre eux, la campagne est mon unique asile,
> Du lieu qui m'y retient veux-tu voir le tableau ?
> C'est un petit village ou plutôt un hameau,
> Bâti sur le penchant d'un long rang de collines,
> D'où l'œil s'égare au loin dans les plaines voisines.
> La Seine, au pied des monts que son flot vient laver,
> Voit du sein de ses eaux vingt îles s'élever,
> Qui partageant son cours en diverses manières,
> D'une rivière seule y forment vingt rivières.
> Tous ses bords sont couverts de saules non plantés
> Et de noyers souvent du passant insultés.
> Le village au-dessus forme un amphithéâtre.
> L'habitant ne connaît ni la chaux, ni le plâtre,
> Et dans le roc qui cède et se coupe aisément,
> Chacun sait de sa main creuser un logement.
> La maison du Seigneur, seule un peu plus ornée,
> Se présente au dehors de murs environnée ;
> Le soleil en naissant la regarde d'abord
> Et le mont la défend des outrages du Nord.

Enfin, le touriste est retenu par le R... G...,
bourg minuscule, mais coquet, bâti sur le pen-
chant et au pied du coteau, de riantes maisons
d'où le regard interroge — par ce temps de
guerre terrible — la vieille tour élevée sur le
bord du plateau, ce qui lui permet, bien que
découronnée de son chef, de faire l'office de
guetteur sur la vallée du Vexin Normand. Ce
donjon se tient toujours altier, défiant les âges
et l'ancienne mitraille, mais heureux, sans
doute, que l'invasion allemande ne l'ait point
humilié de ses affreux obus (1).

L'histoire du pays enseigne que, durant les
guerres du xie au xve siècle, les habitants, lorsqu'ils se croyaient en danger, pouvaient se
retirer dans cette forteresse qui était le véritable château.

Ainsi que l'explique Boileau, plusieurs îles
sinon vingt, chiffre fait pour la rime, divisent
la Seine en petits bras non navigables.

L'une d'elles, où prendra naissance ce travail, porte le nom significatif de *Chantemerle*;
elle s'étale au milieu du fleuve avec lequel elle
forme deux grands canaux. Seuls, les calmes

(1) Pendant que cet ouvrage était à l'impression, un aviateur
boche a jeté des bombes dans les environs de la R... G... et
l'une d'elles est tombée à 1 kilomètre de la tour, sans faire de
dégâts.

pêcheurs à la ligne et quelques amateurs de canotage en troublent la quiétude.

Elle est suffisamment élevée au-dessus du niveau des eaux pour ne pas être recouverte par les inondations.

Les bords sont plantés de saules aux troncs grimaçants, dont la tête se pare de vigoureuses branches au feuillage blanc ou or selon les saisons et de peupliers hauts et droits, où le vent murmure son chant monotone.

Le sol, abandonné depuis fort longtemps, est recouvert de ronces, d'herbes folles, d'orties et de broussailles qui en font une forêt vierge.

Cet état sauvage a fait le bonheur des oiseaux ; ils se sont emparés de l'île et l'ont peuplée de nids, d'où s'élance vers le ciel un concert harmonieux.

Il s'y joue aussi des drames, car de vilaines bêtes, que les cris de la gent ailée attirent, font le guet et s'abattent sournoisement — tels des boches — sur ces charmants et inoffensifs habitants de l'île.

Cette île, vers l'Ouest, se termine en une pointe qui s'enfonce comme un coin dans les eaux de la rivière.

Le soleil, avant de disparaître derrière la colline, la caresse de ses rayons ; c'est un spectacle ravissant qui laisse le voyageur sous le charme.

* *

Un matin de mai 1913, une auto stoppa à la porte de l'étude.

Un homme en descendit; il paraissait âgé d'une quarantaine d'années : grand, brun, portant une barbe bien taillée, les cheveux à l'artiste, la figure agréable, de grands yeux brillants, la boutonnière ornée d'une décoration.

Je le laissai exposer le but de sa visite, en faisant toutes réserves, comme il sied pour nous, lorsqu'un étranger nous aborde ou qu'une jolie élégante pénètre en coup de vent dans notre cabinet.

C'est que nous devons être prudents par principe et professionnellement et pourtant, quel charme ont ces visiteurs de marque, les femmes surtout. Il nous faut une certaine dose de volonté, pour ne pas leur accorder notre entière confiance aux premiers mots prononcés.

En écoutant l'artiste — car c'en était un — je me demandais, mentalement, où j'avais rencontré cette figure, qui ne me paraissait pas inconnue.

A peine avais-je fini le cycle de ma pensée,

que le visiteur s'interrompant me dit brusquement : mais nous sommes de vieilles connaissances.

L'énigme ne dura pas longtemps. J'étais en
présence de Jean Rolland, que j'avais maintes
fois rencontré, il y a une trentaine d'années,
au quartier latin, alors qu'il suivait les cours
de l'École des Beaux-Arts et que j'étais étu-
diant.

Nous parlâmes de notre jeunesse, et, comme
autrefois, la glace étant rompue, la camaraderie
fit le reste. Mais hélas! il nous fallut bien
reconnaître que le temps avait travaillé et
comme un grand artiste, jamais satisfait de son
œuvre, il avait fort maltraité ses sujets.

Jean Rolland, peintre-sculpteur, avait fait
son chemin.

Il était médaillé, décoré, riche par ses œuvres,
ce qui est assez rare pour un artiste vivant.

Marié, père de deux enfants, heureux, il
voyageait pour son agrément.

En passant devant le paysage si bien décrit
par Boileau, il fut émerveillé et, en artiste averti,
il songea immédiatement à s'y fixer, c'est pourquoi sa visite.

Cette idée était devenue dans son esprit si
impérieuse, qu'il voulait de suite être assuré
sur la possibilité d'acquérir une partie de l'île

qu'il avait remarquée, nécessaire et suffisante pour élever un cottage.

Je dus consentir à prendre place auprès de lui dans son auto pour aller visiter l'objet de son rêve.

Après un examen sommaire, il m'indiqua l'endroit approximatif où devait s'arrêter son ambition et me donna des instructions pour me mettre sans retard au travail.

Les terrains dans cette partie de l'île de «·Chantemerle » sont très morcelés, ce dont l'œil, de prime abord, ne peut s'apercevoir.

Je dus en avertir mon visiteur et lui demander un peu de patience et de discrétion, pour ne pas réveiller trop brusquement le sentiment d'âpreté connu, du propriétaire terrien à l'approche d'un riche étranger.

Après de longs pourparlers, je pus obtenir la partie convoitée et installer l'acquéreur dans sa nouvelle propriété.

Il fit sa première visite à sa terre, avec une joie inexprimable ; malgré les obstacles, il voulut la parcourir, ne s'arrêtant que pour admirer, semblable à un enfant en possession d'un nouveau jouet.

Profitant de la belle saison, ses plans ayant été rapidement préparés, il commanda les entrepreneurs pour la construction de son home.

Lorsque les ouvriers vinrent déposer leurs matériaux, je crois, comme dans « Le sous-préfet aux champs » des contes de Daudet, avoir entendu les oiseaux, parlant entre eux, se demander que voulaient ces intrus qui venaient troubler leur joie et leurs chants.

Désireux de s'installer au plus vite, il pressa les constructeurs, les obligeant à activer leurs travaux.

Dès le printemps 1914, tout étant à point, Jean Rolland meubla sa villa avec un goût exquis.

Artiste, il conserva le cachet au paysage, respecta les arbres, dessinant un parterre qui fut bientôt fleuri.

Il fit un véritable Éden, où avec sa famille il vint habiter.

Lorsqu'en août les Allemands nous déclarèrent la guerre, chacun de nous partit remplir son devoir. Mais notre âge nous ramena bientôt auprès des nôtres et alors nos relations amicales devinrent très suivies.

Dans nos réunions, les événements de la guerre dominèrent nos entretiens, mais l'art ne fut pas oublié.

Jean Rolland est à la fois sculpteur et peintre, il sait matérialiser et idéaliser ses sujets, il ne néglige jamais le coloris, mais il cherche avant tout la pureté de la ligne, qui est la base de l'art pictural ou statuaire.

Sa jeunesse fut studieuse ; il va d'atelier à atelier et, comme on dit en argot d'architecte, il « fait la place ». Il devint prix de Rome et, par sa ténacité et sa technique, conquit la gloire.

Il est symboliste à la manière de Rodin, le grand sculpteur qui vient de s'éteindre et dont les œuvres ont été si critiquées et aussi si admirées.

Le « Penseur » n'a-t-il pas été acclamé du monde entier et n'exprime-t-il pas l'ultime expression de la sculpture française ?

Lors de l'une de nos longues conversations, mon nouvel ami me dit qu'il avait songé à **symboliser** le notariat par un monument allégorique, mais qu'il regrettait de n'être pas suffisamment instruit sur cette institution pour réaliser son projet.

Il me pria de profiter de nos relations pour le documenter, m'exprimant la joie qu'il aurait à s'attacher à cette œuvre qui, disait-il, serait ma récompense pour le bonheur que je lui avais donné en lui permettant de vivre dans ce site si joli.

J'avouai modestement à l'artiste qu'il ne me paraissait pas possible de lui donner satisfaction, qu'il faudrait la plume d'un Balzac ou d'un Jules Renard pour exprimer les sentiments qui agitent la conscience des notaires au cours de leur existence professionnelle, et que je ne pourrais qu'incomplètement lui faire connaître « *les forces morales du notariat* ».

Mais je ne pus vaincre son obstination ; pénétré de son idée, il ne voulut rien entendre de ma protestation, ce fut donc contraint et forcé que je lui promis mon modeste concours pour créer le *symbole* du notariat.

Les Notaires.

MOÏSE

Pour commencer notre étude, je dis à mon ami que j'allais certainement lui faire une grande surprise.

Il est fort possible, lui contai-je, que le premier notaire fut « Moïse » !!...

Comment cela, fit Jean Rolland en éclatant de rire.

Sachez tout d'abord que « le notaire » a été dans l'histoire ecclésiastique un secrétaire particulier des prélats.

Or, quel fut le rôle de Moïse, si ce n'est celui de secrétaire de Dieu, sur le mont Sinaï, lorsqu'il reçut de l'Éternel les deux tables de marbre de la *Loi* pour les expliquer *aux Hébreux*.

Mon ami ne parut pas convaincu ; il est vrai que ma déclaration n'exprimait qu'une hypothèse sur laquelle je n'insistai pas.

DROIT ROMAIN

Au début, les notaires étaient des esclaves publics, remplissant le rôle de Scribes, qui recevaient les conventions des parties et même, dans certains cas, stipulaient pour elles. Plus tard, il y eut des tabellions ou notaires (notarii), véritables officiers publics, dont les clercs prenaient note des volontés des parties. Cette note servait à la rédaction définitive de l'acte sur lequel deux témoins apposaient leurs cachets.

DROIT FRANÇAIS ANCIEN

En France, on ne trouve guère de trace du notariat avant Louis IX qui établit soixante *notaires* dans la prévôté de Paris ; ils formaient une confrérie se réunissant au Châtelet. Philippe IV en établit dans tous ses domaines et cet exemple fut suivi par tous les seigneurs laïques et ecclésiastiques. Plus tard, on créa à côté des notaires des *tabellions* qui délivraient les grosses des actes reçus en minutes par les notaires, des *gardes notes* qui conservaient les minutes des notaires décédés ou qui avaient résigné leur charge, des *gardes scels* qui scellaient les grosses expédiées par les tabellions.

A Paris, cependant, le notariat et le tabellionage ne furent jamais séparés. En 1597, Henri IV réunit les offices de tabellions et de gardes notes à ceux des notaires qu'il rendit héréditaires. Les gardes scels subsistèrent jusqu'en 1706, époque à laquelle Louis XIV enjoignit aux notaires d'avoir chacun un sceau aux armes du roi et de l'apposer eux-mêmes sur leurs actes.

On distinguait les notaires royaux et les notaires seigneuriaux.

Les premiers exerçaient en vertu de provisions délivrées par le roi, dans les bailliages et sénéchaussées auxquels ils étaient attachés (ceux de Paris, Montpellier et Orléans pouvaient instrumenter dans toute la France). Les seconds, nommés par les seigneurs justiciers, n'exerçaient que dans l'étendue de la juridiction.

Les contrats passés devant les notaires royaux pouvaient être exécutés dans toute la France ; ceux passés devant les notaires seigneuriaux ne pouvaient l'être que dans l'étendue de la seigneurie.

DROIT MODERNE

Le notariat a subi de nombreuses et profondes transformations : peu à peu sa sphère d'action s'agrandissant sans cesse, le *notaire* s'est fait le conseiller privé des parties, l'arbitre de leurs différends, le négociateur de leurs intérêts et, souvent, le dépositaire quotidien de leur fortune. Le notariat fut entièrement réorganisé par la loi du 25 ventôse an XI.

« Les notaires sont des fonctionnaires publics établis pour recevoir tous les actes et contrats auxquels les parties doivent ou veulent donner le caractère d'authenticité attaché aux actes de l'autorité publique, et pour en assurer la date, en conserver le dépôt, en délivrer des grosses et expéditions ».

Les notaires sont nommés par décret du Président de la République, sur la présentation du garde des Sceaux. Avant d'entrer en fonctions, ils prêtent serment devant le tribunal de première instance.

Les notaires sont divisés en trois classes : 1° Les notaires des villes où réside une cour d'appel ; 2° ceux des villes où il y a un tribunal de première instance ; 3° ceux des autres villes et communes dépendant de la justice cantonale.

Les notaires de première classe ont le droit d'instrumenter dans tout le ressort de la cour; ceux de seconde dans tout l'arrondissement; ceux de troisième dans le canton.

Les honoraires des notaires sont fixés par des décrets et leur comptabilité a également été organisée par des décrets.

Il existe près de chaque tribunal de première instance, dans la ville où il siège, une *chambre des notaires* chargée du maintien de la discipline parmi les notaires de l'arrondissement.

Ces notaires, réunis en assemblée générale, élisent parmi eux les membres de cette chambre, qui, à leur tour, choisissent un président, un syndic, un secrétaire, un rapporteur et un trésorier.

L'action disciplinaire contre les notaires est partagée entre les tribunaux et les chambres des notaires.

La personne qui a exercé, pendant vingt années consécutives, les fonctions de notaire peut, sur le rapport du garde des Sceaux, obtenir le titre de *notaire honoraire.*

Le notaire honoraire a le droit d'assister aux assemblées générales de la compagnie; il a voix consultative dans ces assemblées. (1).

____

(1) Larousse, t. VI.

OBLIGATIONS

« Les notaires, disait Domat, exercent un ministère de justice et de paix entre les parties d'où dépendent le repos des familles, la sûreté de leurs biens, la fermeté des engagements, les liaisons des sociétés et des commerces les plus importants, et la médiation et négociation des affaires qui sont de plus de conséquences à toutes personnes ».

Pour pouvoir remplir ce programme bienfaisant et utile, de grandes qualités sont requises des notaires : ils ne doivent pas seulement être *instruits* et *prévoyants*, pour aider les parties de leurs conseils; ils doivent encore être *honnêtes* pour éviter dans l'exercice de leurs fonctions, tout ce qui pourrait blesser la justice et la vérité; *prudents*, pour ne pas tomber dans un des pièges qui tendent trop souvent la fraude et la mauvaise foi; *exacts* et *ordonnés*, pour ne jamais compromettre leurs intérêts et ceux de leurs clients; *désintéressés*, pour ne jamais faire des frais frustratoires; enfin, *discrets*, car ils doivent le secret sur le contenu de leurs actes (1).

Ces obligations ont créé les « forces morales »

(1) Amiaud.

du notariat. Ces forces ne sont pas palpables comme la matière, mais on les reconnaît aux actions quotidiennes de chaque membre de la corporation.

Réunies, elles forment un bloc plus résistant que l'acier, parce qu'elles sont forgées avec les lois de l'honneur.

C'est grâce à ces forces morales que cette institution a pu s'élever et conquérir l'estime générale.

Vous savez vous-même, dis-je à Rolland, qu'aucune famille française ne néglige le conseil de son notaire et qu'elle n'entreprend aucune action importante où ses intérêts sont exposés sans demander son avis.

Le notaire de la famille est souvent invité à ses fêtes intimes et il partage ses deuils.

Nous verrons, mon cher ami, au cours de cette étude, le rôle du notaire dans chaque acte de son ministère, et il vous faudra constater que son dévouement est à la hauteur de sa tâche, mais aussi qu'il n'est pas toujours récompensé avec cœur.

Depuis un siècle, le notariat a vu sa mission s'étendre et son rôle grandir avec le développement de l'industrie et du commerce.

Il a dû surveiller le mouvement social et approfondir les lois nouvelles, si nombreuses depuis quelque temps.

S'il est en droit de défendre ses intérêts, il ne néglige pas ceux qui lui sont confiés et c'est avec dignité qu'il accomplit sa mission.

Il n'est pas toujours à l'abri des critiques, et parfois sa correction est interprétée malignement par des esprits *forts,* qui n'entendent pas s'incliner devant des exigences légales, lorsqu'elles atteignent leurs intérêts ou changent leurs habitudes.

C'est ainsi que j'ai entendu déclarer, « les notaires X... et Y... considèrent leur rôle comme un sacerdoce » !

Ces paroles, dites sur un ton ironique, n'étaient-elles pas le meilleur compliment que l'on pût adresser à ces officiers publics ?

Il ne s'ensuit pas de ce qui précède que tout est parfait dans le notariat.

Non, sans doute : il reste beaucoup à faire, et, comme toutes choses ici-bas, notre corporation a besoin de se corriger et de se perfectionner.

Si vous y consentez, nous reparlerons de cette question sous un autre chapitre.

Les Défaitistes.

—

Avant de continuer, voulez-vous me permettre de vous poser une question, me dit l'artiste.

Comment expliquez-vous que, dans une corporation si policée, renfermée dans une armature de lois, de décrets et d'usages nombreux, il puisse y avoir des défections répétées?

Vous pouvez dire des *défaitistes,* répondis-je ; j'accepterai ce mot qui a droit de « cité » depuis la guerre.

Hélas! oui, il y a eu et il y aura encore malheureusement des défaitistes, mais j'espère bien que le nombre en sera de moins en moins élevé et même qu'ils disparaîtront complètement dans l'avenir, si les mesures qui font l'objet de nos Congrès sont adoptées.

Mais, remarquez-le, jusqu'à ce jour, le notariat, pendant la guerre, n'a pas failli au devoir patriotique, c'est avec joie que nous pouvons le constater.

Il n'a aucun mérite, c'est entendu, mais puisque vous me parlez de « défaitisme », il est bon que je vous réponde.

Pour cela, je pourrais vous rappeler les paroles de Voltaire :

« La multitude des lois est, dans un Etat, ce qu'est le grand nombre de médecins, signe de maladie et de faiblesse ».

Soignez donc le corps notarial, donnez-lui une vie nouvelle et bientôt la faiblesse disparaîtra et, avec elle, les catastrophes.

Puis-je encore prendre pour terme de comparaison une jolie élégante qui m'apparaît — dans l'armature de son corset soutenant ses formes — comme le notariat dans le cercle étroit de ses lois.

Cette élégante sera aussi, facilement, une « défaitiste » du devoir et de l'honneur de la famille, s'il lui plaît de ne pas tenir compte de cette armature.

Mais, en somme, le mieux sans doute est de vous expliquer pourquoi et comment, bien souvent, les catastrophes financières se produisent dans notre corporation.

Tout d'abord, je puis vous assurer que le nombre en est restreint si on le compare à celles qui atteignent les banquiers, par exemple.

Mais le mal qu'elles font à notre profession, je le reconnais, est très grand, parce que les « forces morales » sont plus vives, plus étendues dans le notariat que dans toute autre institution et qu'elles pénètrent plus profondément dans les familles.

Ces catastrophes laissent une tache indélébile qui atteint les études où elles se produisent pour de longues années, leur imposant un fardeau pénible.

Le rapporteur, dans la triste affaire de défaitisme jugée par le 3° Conseil de guerre, ne commença-t-il pas son travail par la phrase suivante, qui montre combien la tache dont nous venons de parler est tenace et pèse lourdement sur les familles.

« Bolo — dit le capitaine — est le petit-fils de Jean-Dominique Bolo qui fut notaire à Limonet et dut abandonner sa charge en 1857, à la suite d'incidents dont la procédure contient trace ».

Je n'ai pas cru devoir passer sous silence cet exemple, bien qu'il me soit pénible de le rappeler ; mais il vaut mieux regarder en face que de baisser la tête devant la faute commise par un membre de la famille et en extirper l'ivraie qui souille la moisson.

Bolo est un misérable défaitiste du devoir sacré de la patrie, dont notre institution n'a pas à partager le crime. Mais il a peut-être puisé dans l'éducation qu'il a reçue d'une famille, comme le dit le capitaine rapporteur,

« ayant eu des incidents, dont la procédure
contient trace », une impureté, dont il n'a pu
se laver. C'est ce qu'Alfred de Musset a si bien
traduit dans les vers suivants :

> Le cœur de l'homme est un vase profond ;
> Quand la première eau qu'on y verse est impure,
> La mer y passerait sans laver la souillure ;
> Car l'abîme est immense et la tache est au fond.

*

Les malheurs qui surviennent de temps à
autre ont des points de départ bien différents
pour chacun d'eux.

Les uns, les plus nombreux, sont provoqués
par les clients eux-mêmes ; voici comment :

Les notaires ne sont pas seulement les rédac-
teurs des conventions des parties, ils ont aussi
la mission d'aider le public dans les nécessités
financières sociales.

On s'adresse à eux pour trouver des capitaux ;
certains capitalistes même leur confient une
partie de leur portefeuille, pour employer leurs
disponibilités en prêts hypothécaires, en leur
accordant toute latitude pour le choix des placements.

Les notaires, sollicités par des emprunteurs
besogneux et pas toujours consciencieux, se

laissent parfois entraîner à des placements aventureux et pourquoi? Pour conserver une clientèle qui, à la première occasion, oublie les services rendus et s'empresse de les quitter ou de faire des obstructions pour réaliser un gage à peine suffisant à garantir les capitaux prêtés.

Le prêteur, dans ce cas, se retourne vers son mandataire et lui reproche sa trop grande confiance ou son erreur d'évaluation du gage et le rend responsable de la perte subie, en demandant même aux tribunaux une condamnation.

Que fait le malheureux notaire ; il paie souvent pour conserver le client ou s'éviter de gros ennuis.

S'il ne possède pas une fortune personnelle qui lui permette de faire face à cette dépense imprévue, il puise dans les fonds dont il a l'administration, espérant avec le temps, par des économies, arriver à restituer la somme ainsi prélevée.

Mais, comme dans la Bible, les sept vaches grasses, c'est-à-dire les bons produits de longues années, deviennent parfois les sept vaches maigres. Alors sa situation s'aggrave et au bout de quelque temps c'est la gêne puis, la catastrophe.

D'autres arrivent au même résultat par la dépréciation de la terre ou des maisons, qu'ils ne pouvaient pas même prévoir : ceux-là sont des victimes inconscientes du sort.

Lorsque le mildiou se mit dans les vignes et que toutes les plantations furent perdues, que pouvaient les notaires pour cette désolation. Rien, n'est-ce pas! Cependant les tribunaux les condamnèrent à payer; d'où de nouvelles faillites.

Il en est d'autres (les jeunes surtout, dont les charges parfois trop lourdes peuvent être invoquées pour leur excuse) qui, confiants au delà de toute mesure, se laissent circonvenir par des apparences trompeuses.

Je pourrais vous donner comme simple exemple une affaire retentissante qui est en votre mémoire parce que le prénom de « Thérèse », qui y est attaché, ne s'oubliera pas de long-temps.

Les notaires qui voguèrent dans cette galère furent submergés par les flots de luxe et d'éloquence de leurs majestueux clients. Leur bonne foi et toute une vie de travail et d'honneur ne purent les sauver.

On pourrait citer à l'infini des cas où le notaire n'avait sciemment commis aucune faute, mais à quoi bon !

Je dois pourtant reconnaître que tous ne peuvent être lavés de leur crime.

Quelques-uns sont vraiment responsables. Ils jouent à la Bourse, spéculent de toute manière ou mènent une vie en disproportion avec leur fortune. Ceux-là savent qu'ils ne pourront tenir, mais, lancés sur le chemin boueux qui les enlise, ils ne font aucun effort pour se ressaisir.

Lorsqu'ils tombent, ils ne sont pas surpris et leur condamnation est justifiée.

Dans César Birotteau, de Balzac, vous verrez le spéculateur Roguin qui, par son achat de terrains, dont le succès se fit attendre, mit ce pauvre César dans une situation si malheureuse qu'il dut passer en jugement et en mourut.

Ceci est évidemment du roman, mais combien réaliste. Beaucoup d'autres se sont trouvés dans le même cas; ils ont perdu l'honneur qu'ils ne retrouveront plus.

> L'honneur est comme une île escarpée et sans bords,
> On n'y peut plus rentrer dès qu'on en est dehors.
>
> Boileau.

Vous pouvez me dire que les inspecteurs de comptabilité devraient découvrir leur situation instable et les arrêter sur la pente où ils entraînent leur famille et leurs clients, en diminuant en outre les « forces morales » du corps tout entier.

Vous auriez raison, en principe ; mais en fait rarement ces défaitistes se laissent prendre. Ils soignent leur comptabilité, en créent une fictive, qu'aucun indice ne fait soupçonner. Le personnel de l'étude l'ignore parce qu'ils reçoivent eux-mêmes les clients qu'ils trompent, ne laissant à leurs clercs que le menu fretin.

J'espère pourtant que, dans un temps proche, des mesures seront prises qui ne permettront plus ces subterfuges et donneront à notre institution une auréole claire et limpide, où le mot « honneur » ne sera plus obscurci par des désastres financiers qui m'ont valu votre question.

Il existe encore d'autres défaitistes, moins dangereux pour les tiers, ce sont les grincheux et les négligents.

Le Grincheux.

Vous reconnaîtrez facilement le grincheux : dès le premier entretien, sa physionomie se transforme, ses nerfs s'agitent, la conversation, si vous insistez sur certains points, prend un ton acidulé. Il n'accepte pas la contradiction, ses paroles sont des sentences.

Le fait se répète malheureusement et bientôt, dans sa sphère professionnelle, on sait, on dit, M. X... n'est pas commode, n'est pas *aimable*.

Et surtout aux champs, ce sont des pronostics qui ne trompent pas sur le sentiment campagnard ; c'est pourquoi à la première occasion, toujours facile à créer, le client s'en va vers des lieux plus accueillants, où le sourire est engageant, et comme le mal est contagieux, petit à petit chacun suit son voisin.

Alors, le grincheux devient inabordable et s'il aperçoit un confrère, ses yeux lancent des flammes et sa bouche jette l'anathème.

La conséquence de cet état d'esprit, dont le malheureux souffre, c'est la perte d'un produit, d'un capital, qui ne peut être ressaisi et qui conduit souvent son auteur à la gêne, sinon plus loin.

Que faire, la corporation n'y peut rien ; seule la famille, par son affection et des conseils, arrive à calmer la nature exaltée de son chef que la neurasthénie guette.

Le Négligent.

—

Enfin, le dernier des défaitistes est tout l'opposé du précédent. Calme, souriant, aimable, il vous reçoit avec urbanité, vous écoute aussi longtemps qu'il vous plaît. Mais si vous lisiez dans son âme, quelle surprise. C'est qu'il est très distant et ne vous entend que d'une oreille distraite, sa pensée nonchalante vagabonde vers sa « marotte », s'il en a une.

Demandez-lui de hâter la solution de l'affaire, objet de votre entretien, d'examiner rapidement votre dossier, dites-lui que vos intérêts sont exposés.

Il vous répondra que vous pouvez être assuré de sa diligence, mais qu'il est pris en ce moment, que son personnel est surchargé ou quelque chose de semblable, mais qu'enfin, malgré cela, rien ne sera négligé pour vous donner satisfaction.

Quelque temps se passe, sans que vous ayez une convocation si elle est nécessaire, ou un simple mot vous avisant que l'affaire suit son cours ou que des difficultés imprévues sont survenues.

Il en est ainsi, hélas! trop souvent pour la marche régulière des opérations qui lui sont confiées, pour la satisfaction de la clientèle et aussi pour la tenue des produits de l'étude.

La situation que j'ai signalée en ce qui concerne le grincheux se présentera bientôt pour le négligent.

Mais celui-ci, dont l'esprit vagabonde, garde le calme et ne comprend pas. Il accepte le mauvais sort qu'il se prépare, sans s'en douter et sans pouvoir ou vouloir réagir.

Et cependant, un peu d'énergie soutenue remettrait les choses en place, mais voilà!...

La famille n'a pas, dans la plupart des cas, l'autorité suffisante pour secouer cette apathie; c'est un grand malheur, parce que les intérêts sont en des mains trop débiles.

*
* *

Il ne faudrait pas croire, mon cher ami, que seuls les clients sont les victimes des catastrophes financières.

Ce serait une grande erreur et au surplus bien mal connaître les sentiments de la grande famille notariale.

Pour sauver l'honneur du nom de celui qui, presque toujours, a vécu une vie sans tache et toute de travail, mais qu'une responsabilité imméritée (dont chacun de nous ne peut dire qu'il n'en sera pas atteint) a conduit à sa perte, la femme et les parents proches font bloc, se dépouillent de leur fortune et se retirent les mains vides.

Ce sacrifice n'est pas toujours suffisant, mais il atteste une telle grandeur d'âme chez ces victimes *volontaires* qu'il désarme la malignité publique et impose le respect.

Mais alors, les femmes et les filles de ces malheureux, qui n'avaient connu que le bien-être et la joie familiale, sont jetées subitement dans la tourmente, sans avoir été préparées par leur éducation à une vie médiocre ou de misère.

Quelle tristesse et quel deuil !

Si vous pouviez vous pencher sur cet abîme, vous seriez pris d'une grande compassion et vous excuseriez le drame qui s'y joue trop souvent et son dénouement tragique.

Associations de prévoyance.

—

Heureusement qu'à côté du mal, des hommes dévoués, courageux et philanthropes, ont apporté un remède insuffisant, il est vrai, mais pourtant bienfaisant, en créant des sociétés de secours.

La plus importante et la plus ancienne est l'association de *Prévoyance du notariat de France*.

Son objet peut se résumer en ces mots : *secours à l'infortune*.

Quel beau rôle ont ses administrateurs qui ont assumé la charge de secourir ceux des nôtres que le sort a maltraités.

Dans une assemblée générale récente, Mᵉ Brault, le dévoué président, toujours à son poste malgré les ans, disait :

« Messieurs,

» C'est le 24 mai 1866 que fut réunie, sous la présidence de M. Michot, alors notaire à Coulommiers, la première assemblée générale de l'Association. Le procès-verbal de cette réunion est le plus ancien document que nous possédions de l'histoire de la société.

» C'est donc en 1916 que l'Association atteignit l'âge de 50 ans envié par tant d'œuvres de bienfaisance dont les meilleures volontés ne peuvent pas toujours triompher des difficultés qui succèdent aux espoirs confiants des débuts.

» Le nôtre en a rencontré plus d'une, mais l'attachement du notariat pour cette œuvre de première utilité a donné à ses administrateurs le courage de poursuivre leur route avec la foi la plus entière dans l'avenir.

» Aussi songions-nous, dès avant les coups de canon de 1914, aux moyens de fêter, en 1917, le cinquantenaire de la société et à faire de cette fête le départ d'une nouvelle ère de prospérité et de plus grands soulagements pour nos protégés.

» Comment les esprits les plus hésitants, indifférents ou sceptiques n'auraient-ils pas été frappés des résultats acquis :

» En 1914, le nombre des notaires des compagnies adhérentes était de 7.686, dépassant 96 p. 100 du nombre total des notaires de la France continentale.

» Les recettes annuelles (sans compter les legs ni les cotisations perpétuelles) ont fourni, dans les quatre premières périodes décennales, les moyennes de 12.000, 18.000, 25.000, 43.000 francs; en 1914, elles atteignaient

79.000 francs et il est certain qu'en 1916 elles auraient dépassé 85.000 francs.

» Les secours distribués ont été dans les mêmes périodes de 9.000, 16.000, 20.000, 36.000 et 72.800 francs; en 1916, ils auraient dépassé 75.000 francs.

» Devant ces résultats, les dernières hésitations auraient été vaincues et la célébration du cinquantenaire aurait sans doute fait réaliser l'unanimité du notariat. Nous aurions invité les dames à notre fête. Il est certain que nos 195 bienfaitrices auraient amené un nombre considérable de nouvelles adhérentes.

» C'est ainsi qu'en France d'innombrables œuvres de bienfaisance se développaient, lorsque la volonté du kaiser allemand plongea l'Europe et le monde entier dans les horreurs d'une guerre sans précédent. Les progrès de notre association furent immédiatement arrêtés; elle recula même de dix années ».

Vous le voyez, le notariat ne s'abandonne pas, il travaille, et lorsqu'il faudra réparer les pertes occasionnées par l'invasion, l'œuvre entreprise fera largement son devoir.

Une autre société plus jeune, mais qui fait son chemin sous l'habile direction de son président, est la *Caisse de retraite des notaires de France et d'Algérie.*

C'est une œuvre mutualiste offrant des avantages certains de sécurité pour l'avenir, en assurant aux titulaires qui ne peuvent faire des économies importantes, des retraites pour leur vieillesse.

Une troisième, *La Basoche,* est l'association des clercs de notaire et d'avoué qui s'occupe spécialement du placement des clercs, vient en aide, par sa caisse spéciale de secours immédiat, aux familles de leurs adhérents. C'est hélas! la plus pauvre et je le regrette; véritablement cette caisse de secours immédiat mérite notre attention et les sentiments qui animent les administrateurs de cette société sont dignes de recevoir pour les familles des clercs, des concours généreux dont ils seront reconnaissants et feront bon usage.

La guerre va laisser derrière elle un sillon de misères qu'il faudra immédiatement secourir et si l'association de prévoyance des notaires aperçoit ce moment avec angoisse, la caisse du secours immédiat de *La Basoche,* moins favorisée, ne peut être indifférente aux privations aussi profondes qu'elle redoute.

Il serait bon que chacune des assemblées générales des notaires votassent une petite somme pour l'alimenter.

Il existe encore une société du même genre

qui a vu son capital augmenter rapidement grâce à la générosité du notariat et notamment de la Chambre de Paris, c'est la *Société mutuelle de secours et de retraites pour les clercs de notaire.*

A première vue, il semble que cette société se confond avec *La Basoche,* mais ce n'est qu'apparence.

Cette dernière, remarquez le bien, est société de secours mutuels dont les sociétaires basochiens peuvent faire partie, mais pas obligatoirement.

Son but est aussi philanthropique que les précédentes et son administration mérite les éloges distribués à ses aînées.

Elle est appelée à devenir avec le temps la grande consolatrice des affligés du monde de la cléricature.

Nos collaborateurs doivent se tourner vers elle et faire partie de ses adhérents. Nous devons plus que jamais alimenter ses ressources et ne pas oublier que sans de nombreux clercs, le notariat serait impossible, *mais ces travailleurs doivent eux mêmes faire des efforts dans la mesure de leurs moyens.*

La maxime « aide-toi, le ciel t'aidera » est exacte dans ce cas particulier.

Enfin, depuis la guerre, une société a été

créée pour le placement et l'éducation nota-
riale des mutilés ayant une certaine instruction,
son but est fort louable et il y aura lieu de ne
pas l'oublier.

CHAPITRE DEUXIÈME

Les actes des Notaires.

Mon cher Rolland, vous pouvez constater que votre question sur les défaitistes m'a beaucoup impressionné.

Si mon plaidoyer a éclairé votre religion et satisfait votre conscience, j'en serai très heureux.

Nous avons maintenant à suivre les notaires dans leur travail quotidien. En examinant leurs actes, vous puiserez, je l'espère, des éléments précieux pour votre symbole.

Je ne vous tracerai pas la formule de ces actes, mais j'essaierai de vous en donner le sens et de dégager les sentiments des parties contractantes.

Notification de mariage.

Lorsqu'un enfant, devenu majeur, désire se marier et qu'il n'obtient pas l'agrément de ses auteurs, il emploie une procédure spéciale, c'est-à-dire qu'il leur notifie sa décision et leur signifie que, faute de souscrire à sa demande, il passera outre.

C'est une véritable indiscipline filiale.

Cette notification ou sommation respectueuse, comme on l'appelait il y a peu de temps, n'est pas, ainsi qu'on pourrait le croire, délivrée par un officier ministériel chargé habituellement des actes de procédure ; elle a été confiée par la loi exclusivement aux notaires.

C'est une mission pénible, mais non dépourvue d'honneur.

Le législateur, en choisissant le notaire, s'est rappelé qu'il est le conseiller des familles, qu'il pénètre facilement dans chaque foyer et que sa force morale fera entendre sa voix, en touchant le cœur des parents affligés et en courroux.

La notification est un acte rare, mais qu'aucune famille possédant surtout un fils ne peut se flatter d'ignorer.

La meilleure éducation, l'instruction la plus étendue ne peuvent empêcher la sensibilité du cœur.

L'enfant qui s'abandonne au sentiment est souvent sujet à l'erreur et il est entraîné à la rébellion lorsque ses projets sont contrariés.

Le notaire, avant la notification, consulte les parents, les conseille, leur expose que cet acte tranche les liens familiaux et fait entrevoir une réconciliation difficile, sinon impossible, en cas de refus de leur adhésion au mariage projeté.

Il leur dit enfin qu'il faut accepter ce que l'on ne peut empêcher pour conserver une part d'affection de l'être cher, qui ne veut pas entendre la saine raison.

Les parents sont eux-mêmes divisés parfois sur la décision ; généralement, le père donnerait son consentement si la mère, .dont l'amour maternel est plus facile à froisser, ne s'y opposait.

Lorsque le succès vient couronner la tâche de l'intermédiaire légal de la famille, la satisfaction qu'il éprouve est la juste récompense du devoir accompli.

La question est délicate, lorsque notamment l'enfant commet une mésalliance, au sens social du mot.

Mais elle n'est pas toujours tragique.

Vous devez vous souvenir de l'agréable comédie : *Le secret de Polichinelle*, que le théâtre a mise à la scène. Elle représente un fils d'une excellente famille parisienne, marié sans le consentement des parents ; il est très heureux, son alliance lui a donné une femme accomplie et une petite fille charmante.

Le père, d'abord, n'a pu résister au chagrin

de l'abandon du fils aimé ; il va le voir souvent, sans le déclarer à sa compagne ; celle-ci, de son côté, fait de même ; mais le fils et sa jeune femme tendent un piège aux parents et les font se rencontrer.

Il en résulte une grande surprise, mais aussi une heureuse réconciliation générale. Cette comédie est la meilleure réponse que l'on puisse donner à la notification.

Le contrat de mariage.

Avant la consécration civile du mariage, les futurs époux peuvent fixer leurs conventions matrimoniales par un contrat.

Mais pour arriver à la rédaction de cet acte important, le notaire est souvent appelé à donner son concours et le poids de son autorité influe sur le projet d'alliance.

C'est qu'en effet, il est généralement l'intermédiaire choisi, dans les milieux bourgeois principalement, pour scruter les sentiments et la moralité des familles et approfondir leur capacité pécuniaire, en vue de l'union convoitée.

Le rôle n'est pas facile à tenir ; il faut parfois déployer une diplomatie habile, discrète et patiente et toujours s'appuyer sur un passé d'honneur, qui donne la confiance et produit la force morale conduisant au succès.

En France, dans la bourgeoisie, le notaire est le « marieur » par excellence, grâce à ses nombreuses relations dans tous les camps.

Les clauses du contrat sont formulées suivant un usage régional qui tend à disparaître, pour laisser se généraliser la communauté d'acquêts ; l'avenir dira ce qu'il doit advenir de ce régime.

Le contrat de mariage a été traité par la plume de Balzac dans ses *Scènes de la vie privée*. Le grand écrivain a mis aux prises les parties et les notaires et a fait une étude où les mœurs de son temps sont sans doute exagérées.

Aujourd'hui les choses se passent plus simplement et la « Comédie », comme il dit, qui précède toute vie conjugale, c'est-à-dire la discussion à laquelle donnent lieu les contrats de mariage, n'est plus la même.

Depuis 1835, les mœurs se sont adoucies avec la facilité de la vie et il n'y a guère que chez le propriétaire terrien que les calculs ont peu varié.

Le mariage pour le campagnard est toujours la réunion de deux domaines.

Mais, mon cher Notaire, il n'y a pas que les romanciers qui se soient occupés du contrat de mariage, me fit remarquer Rolland.

Les artistes aussi ont prêté leur concours à cet acte grave et ils l'ont illustré dans des tableaux remarquables.

Le musée de Madrid possède le « Contrat de mariage » peint par Watteau. Les parties contractantes, le notaire et les grands-parents sont assis à une table au fond de la scène ; on reconnaît l'accordée à sa robe blanche et à son bouquet. Son futur la considère avec admiration. De nombreux assistants sont rangés à droite et à gauche.

Le même sujet a été traité par Jean Van Stern (musée de Brunswick), par Ryckaert (musée de Madrid), par Hogarth, à Londres, etc., etc. Dans la suite de tableaux intitulés : *Le mariage à la mode,* un vieux marchand millionnaire donne sa fille en mariage au fils d'un noble ruiné. Ce dernier montre au négociant, avec ostentation, son arbre généalogique.

Tandis que le fiancé regarde distraitement d'un autre côté, la jeune fille écoute les galanteries d'un jeune tabellion.

Mon cher ami, j'ai été heureux de m'instruire dans l'art de traiter le contrat de mariage en peinture, mais je réserve mon opinion sur l'interprétation que vous donnez au discours du jeune tabellion.

Je veux simplement croire qu'il explique à sa cliente les clauses du futur contrat.

Donations anticipées.

Le vieux cultivateur, sentant sa mort prochaine, comme dit le fabuliste La Fontaine, fait venir ses enfants et leur expose que ses forces ne lui permettant plus de labourer ses champs, il se propose de leur transmettre son héritage sous forme de donation dite partage anticipé.

Cet acte de dépossession, pendant sa vie, par le propriétaire terrien, est la constatation de sa déchéance physique qui le met à la discrétion de ses enfants. C'est donc avec une tristesse infinie qu'il se décide au partage de sa terre, pour laquelle il a peiné pendant de longues et rudes années.

Le rôle du notaire dans cet acte est généralement décisif, il conseille les donateurs, organise la désignation et l'estimation des biens et surveille les lotissements. Il est le médiateur pour toutes les conditions multiples qui se présentent dans de nombreux cas.

Tantôt il doit défendre les revendications des donateurs, lesquelles sont en général justifiées pour leur permettre de vivre, malheureusement dans bien des cas, dans la gêne ; tantôt il atténue leur demande en disproportion avec la valeur des biens donnés, mais c'est l'exception.

La donation-partage n'est pas toujours une action heureuse que font les parents au déclin de la vie; s'ils veulent éviter des discussions et des divisions entre leurs enfants en procédant de leur vivant et d'accord, ils arrivent parfois à faire des mécontents et aussi des ingrats.

Alors que les sentiments d'affection et de reconnaissance devraient seuls guider les donataires dans leur acceptation, le contraire se produit trop souvent. Les enfants des petits cultivateurs ont sucé dans la plèbe le lait de l'âpreté et à leur tour ils voient avec envie le moment où ils posséderont, librement et sans charge, les lopins de terre que les « vieux » ont acquis avec la satisfaction des avares.

Aussi, lorsqu'ils peuvent échapper au paiement de la pension viagère qui leur est imposée, ils ne pensent guère à leurs parents dont la maigre pitance suffit à peine à prolonger les jours.

Cette pension viagère est, à mon sens, la plus mauvaise convention que puissent faire des parents avec leurs enfants; j'estime que les donateurs devraient, dans tous les cas possibles, se réserver l'usufruit des biens donnés et les louer pour une durée qui, calculée suivant leur âge, ne pourrait dépasser leur vie de longues années, pour permettre aux donataires d'en

prendre possession. Le revenu qu'ils obtien-
draient d'un fermier serait toujours plus certain que celui de la pension viagère.

Tous les notaires des campagnes connaissent
les abus que commettent les mauvais enfants à
l'égard de leurs parents et chacun d'eux pourrait nommer, dans sa sphère, le père Fouan du
roman de Zola, *La Terre*.

Cet écrivain, que je nomme pour les besoins
de cette étude, a sans doute dépeint brutale-
ment l'existence des gens de la terre, mais s'il
a été très réaliste pour des oreilles chastes et
des yeux candides, il a exprimé justement les
sentiments des mauvais enfants.

La discussion entre les donateurs et les donataires dans l'étude de Me Baillehache est sans
doute forcée, mais elle est vécue.

Le théâtre Antoine a tiré de ce roman une
pièce qui a fait sensation, à juste titre : Les
types de Buteau, l'avare qui vole ses parents
sur leur pension, et de Jésus-Christ, qui non
seulement ne paie rien, mais parvient à api-
toyer sa pauvre mère qui adore ce monstre, ne
sont pas loin de la vérité.

C'est pourquoi, mon cher ami, les notaires
qui connaissent les familles ont à prévoir l'avenir et à prendre toutes les dispositions que la
loi met à leur portée, pour donner la garantie

nécessaire aux malheureux parents qui sont à la merci de ces enfants indignes.

Marianne Fouan, dite la Grande, dans le roman de Zola, avait prévu les suites de la donation et les malheurs de son frère, elle l'avait prévenu et lui avait recommandé de s'abstenir de se dépouiller de son vivant.

« Imbécile! Je te l'ai donné conseil! Faut être bête et lâche pour renoncer à son bien, tant qu'on est debout. On m'aurait saignée, moi, que j'aurais dit non sous le couteau. Voir aux autres ce qui est à soi, se mettre à la porte pour ces gueux d'enfants. Ah! non! Ah! non!

» Mais, objecta Fouan, quand on ne peut plus cultiver, quand la terre souffre.

» Eh bien, elle souffre! Plutôt que d'en lâcher un setier, j'irais tous les matins y regarder pousser les chardons » !

Cette scène n'est que trop vraie, la Grande se retrouve dans ce monde du travail de la campagne, et son air sauvage reflète une âme de vautour. Rien du cœur chez elle ne vibre et lorsque le malheureux Fouan est abandonné par ses misérables enfants et qu'il frappe à sa porte, elle lui refuse un secours et le laisse mourir misérablement sur la paille.

Il ne faut pas, par cet exemple, considérer que toutes les familles paysannes ressemblent à Buteau et à Jésus-Christ, évidemment non, ce serait à renoncer d'encourager les donations-partages et au point de vue social une grande erreur.

Je vous répète, mon cher ami, que c'est au notaire à conseiller les parents dans les circonstances multiples de la dépossession des biens, suivant sa connaissance de l'esprit qui anime les enfants.

Depuis le développement des valeurs mobilières, le paysan a ouvert son bas de laine, et, alléché par la promesse de gros revenus, il a un peu abandonné la terre pour se créer un portefeuille de valeurs étrangères.

Lorsqu'il pense à « faire ses partages, » il conserve quelquefois les valeurs mobilières qui lui permettent d'éviter le sort du père Fouan. Mais il reviendra à la terre, les belles images trompeuses lui ayant donné d'autres soucis que ceux d'une pension viagère non payée et garantie sur ses biens, que les financiers n'emporteront point, ainsi qu'il dit dans son langage fruste.

Les notaires auront à suivre le mouvement du retour à la terre, qui renaîtra aussitôt la guerre terminée, et le changement qui s'opérera de ce côté sera un grand bienfait pour l'agriculture.

Les donations-partages sont à peu près inconnues dans les grandes villes, parce que les propriétaires urbains possèdent une fortune mobilière principalement et des immeubles d'importance, difficiles à lotir.

Les baux.

Voilà un titre, mon cher Notaire, s'écria Rolland, qui me fait songer au moratorium et si vous voulez m'expliquer les décrets en la matière, vous aurez fort à faire.

Ne craignez rien, m'empressai-je de répondre, ma pensée ne va point s'égarer dans le maquis.

Je veux simplement vous faire remarquer que les propriétaires de maisons ou de fermes font souvent appel au concours du notariat pour trouver un locataire ou fermier et lui confient la rédaction des conventions multiples qu'engendrent les baux.

Vous ne savez pas le soin qu'apportent les notaires à la confection de ces actes, plus compliqués que vous ne pouvez vous le figurer.

Il vous semble à vous, profane, qu'il suffit de prendre un porte-plume et de copier une formule pour rédiger ces actes de location; c'est une grande erreur de votre part. L'expérience qu'acquiert le notaire lui permet seul de prévoir les cas nombreux de chicane qui peuvent naître au cours d'une période de jouissance d'un immeuble entre propriétaire et locataire.

Puis, la gérance qui est confiée par le client au notaire, le fait arbitre des difficultés qui peuvent surgir pour des motifs parfois futiles ; il devient ainsi le juge de paix des deux parties, évitant, par son rôle de conciliateur, de nombreux procès.

Le locataire, même en temps ordinaire, n'étant pas toujours disposé à acquitter son loyer sans réclamation, le notaire gérant parvient, sans le concours des tribunaux, mais avec beaucoup de patience, à calmer les plus récalcitrants et à faire exécuter des conventions librement consenties.

Nos législateurs modernes ont si bien reconnu l'autorité du notaire dans l'administration des propriétés qu'ils l'ont précisément indiqué dans la loi du 9 mars 1918, sur les loyers, comme étant une des personnes susceptibles de faire partie des commissions arbitrales ; c'est un honneur auquel les notaires doivent être sensibles.

Si vous me permettez de vous faire un petit cours d'histoire, je vous apprendrai peut-être que la location, s'appliquant plus spécialement à la culture, portait dans les temps anciens le nom de « cens » ou baux à cens, à la réception desquels les notaires seigneuriaux étaient appelés.

Le cens était une redevance en argent représentant la recette de la terre, et comme le dénombrement des domaines seigneuriaux ne se fit que lentement, la différence toujours croissante des prix en indique les différentes périodes : ce furent d'abord quelques deniers par arpent, puis quelques sols, puis quelques livres.

Ces concessions de terre qu'on appelait baux à cens avaient lieu devant un notaire et tous les trente ans, les particuliers détenteurs des biens ainsi baillés se présentaient devant le notaire du seigneur et reconnaissaient qu'ils tenaient à cens tel héritage.

Le cens était payable à jour fixé à peine d'amende et les officiers du seigneur aggravaient beaucoup la peine en comptant une amende pour chaque jour de retard.

Mais un arrêt du grand conseil, rendu le 28 janvier 1698, jugea souverainement qu'il n'était dû qu'une seule amende, quelle que fût la durée du retard, et mit fin à un abus ruineux pour un censitaire.

Vous voyez, mon cher Ami, que, de tout temps, les locataires et les propriétaires n'ont pas été toujours d'accord.

La guerre ne mettra pas encore leurs différends au point.

*
* *

Les testaments. Les successions.

L'acte où le concours du notaire est le plus important est, sans contredit, le testament.

Les dispositions que prennent les personnes en prévision de leur mort sont tantôt authentiques, tantôt secrètes ; dans l'un et l'autre cas, elles demandent une discrétion absolue.

Les forces morales du notariat jouent encore une fois leur rôle dans ce cas particulier. Le testateur s'adresse à son notaire avec d'autant plus de confiance qu'il sait que sa pensée sera bien gardée. C'est que les dispositions testamentaires sont appelées à faire des heureux et par ce fait à éloigner des prétendants qui n'ont pas su, soit par la dignité de leur vie, soit par leur manque d'affection, conserver le lien de famille qui les attache au testateur. Il ne faut donc pas que ces « déshérités » connaissent avant terme la décision qui les frappe.

La discrétion exigée des notaires n'est pas la

seule vertu qui soit nécessaire, il faut ajouter la patience, laquelle est parfois mise sérieusement à l'épreuve. Les testateurs (et plus particulièrement les testatrices) sont très exigeants; leur volonté n'est pas frappée au ciment, elle varie avec les événements. François Ier disait :

Souvent femme varie,
Bien fol est qui s'y fie.

Tel qui ne prendra pas ombrage de certains petits incidents de famille verra tel autre, au contraire, se froisser d'une peccadille. La conséquence sera la visite au notaire pour reviser les dispositions testamentaires. Les futurs héritiers feront bien de méditer ce proverbe : *Qui court après les souliers d'un mort risque souvent d'aller nu-pieds*. Le rôle de futur héritier est très difficile à tenir.

Le mieux, souvent, est de ne rien désirer et surtout d'attendre pour exprimer ses « espérances ».

Le notaire est non seulement le conseil légal, mais aussi le confident, et la confiance qu'il inspire lui permet souvent de modifier, pour le bonheur des familles, bien des idées mauvaises émises par le testateur. C'est grâce à lui que des fortunes que le vent de discorde disperserait restent appartenir à ceux qui légitimement peuvent prétendre à leur possession.

N'est-ce pas le notaire qui désigne au testateur les œuvres de bienfaisance qui soulagent de nombreuses misères ?

Et, cependant, la reconnaissance d'un bienfait est si rare que le notariat ne s'étonne et ne s'émeut pas de l'ingratitude ; il a eu si souvent à en souffrir qu'il en a pris l'habitude.

C'est donc en conscience qu'il conseille les testateurs suivant ses sentiments élevés de justice et d'équité.

Les notaires ne sont pas seuls appelés par les personnes qui désirent distribuer leurs biens après leur mort.

Les agents d'affaires et les instituteurs ont parfois cet honneur.

Je ne dirai rien des premiers qui, sortis pour la plupart du notariat, ont des connaissances suffisantes pour cet objet, mais les autres, que leur instruction pédagogique n'a point destinés à l'étude approfondie du droit, ne sont pas à leur place.

Nous ne devons pas être surpris de rencontrer, dans les dispositions de leurs « clients d'occasion », des choses extraordinaires.

J'ai en ma possession un testament écrit de la main de l'un de ces pédagogues, pour le compte d'un testateur illettré, ne sachant même pas signer.

Pour donner un caractère d'authenticité à son œuvre, ce « savant » s'était fait assister de quatre témoins qui avaient, de leur plus belle écriture, approuvé et déclaré, solennellement que le comparant *soussigné ne savait pas signer, mais avait tracé une croix.*

La nouvelle école est plus instruite et en même temps moins prétentieuse.

Elle se retranche dans son devoir professionnel et ce n'est qu'exceptionnellement qu'elle conseille, mais dans des cas simples où le rôle du notaire n'est pas indispensable.

Il est avéré d'ailleurs que, plus l'instruction se développe, moins le public cherche à dissimuler et à procéder irrégulièrement.

Nous n'aurons qu'à nous louer dans l'avenir des relations des instituteurs et des notaires et nous ne verrons pas longtemps, je l'espère du moins, l'immixtion des instituteurs dans les fonctions des notaires.

Puisque j'ai été entraîné à allonger ce chapitre, me sera-t-il permis de donner un bon avis aux notaires sur ce sujet.

Lorsque, pour l'exécution de nos actes, nous nous adressons à l'instituteur, secrétaire de mairie, soyons corrects d'abord et généreux ensuite. N'oublions pas que toute peine mérite salaire et que les secrétaires ne sont point

chargés de nous aider gratuitement ou à peu
près à la rédaction de nos minutes. Les secrétaires de mairie se plaignent de la multiplicité
des renseignements qui leur sont demandés ; il
faut, pour la bonne règle, reconnaître leur
concours dans une mesure juste et équitable et
nous nous ferons ainsi des amis et non des
adversaires.

Je reviens aux testaments que j'ai un instant
abandonnés.

Si les écrits comme celui que je vous ai rap-
porté ci-dessus doivent passer à la postérité, il
est d'autres bizarreries que nous devons flagel-
ler : ce sont les dispositions de maniaques.

Voici un article paru dans un journal local,
le P. M., sous la signature de Jean Bernard, qui
vous édifiera sur le caractère de certains testateurs :

« Billet parisien ».

« Un chroniqueur original qui eut un moment
de vogue, grâce à son talent réel, Ernest Lajeunesse, mort il y a quelques mois, qui menait
une vie décousue, passait pour bohême, laissa
cependant une centaine de mille francs en billets
de banque cachés dans un coin de sa biblio-
thèque. Il avait réuni une collection d'armes et
d'uniformes militaires qui vient d'être vendue

et a produit une centaine de mille francs. Ernest Lajeunesse lui aussi avait laissé un testament enfermé dans une grande enveloppe et, quand on l'a ouvert, on n'a trouvé qu'une feuille de papier avec un seul mot, celui de Cambronne. Cette expression polissonne d'une dernière pensée pour ses contemporains indique bien la philosophie canaille d'un sceptique ayant le mépris du monde où il vivait et où il rencontra souvent la réciproque.

» Voilà un papier qui peut prendre place dans la liste des testaments bizarres et faire suite à ce « Choix de testaments anciens et modernes remarquables par leur importance et leur singularité (avec des notices historiques et des notes) que publia en deux volumes, en 1826, le polygraphe Gabriel Peignot.

» On trouve là racontée cette histoire du testament de Danton, qui, au moment de mourir, poussé par une boutade rabelaisienne, déclarait, dans des termes plutôt scabreux, laisser ce qu'il prétendait manquer à Robespierre.

» Si on avait le temps de rechercher dans les *Annales des Tribunaux*, on trouverait des testaments plus ou moins bizarres comme celui de cette dame anglaise Lady Tempost, qui laissa toute sa fortune à ses chiens à charge par eux de jeûner le jour anniversaire de sa mort.

» Les testaments en faveur d'animaux sont des milliers, serins, chats, chevaux. Tout ridicules soient-ils, ils sont au moins dictés par un sentiment de sensibilité dont on ne saurait se moquer.

» Est-ce que Broussais, le célèbre médecin, l'oncle, si je ne me trompe, de M. Broussais, le député d'Alger, n'a pas, dans son testament, assimilé ou à peu près l'âme des bêtes à celle des hommes au milieu de ses affirmations de doute et d'incertitudes. Il est fort curieux ce testament peu connu et qui était resté inédit jusqu'en 1897. Broussais l'avait confié à Népomucène Lemercier; la fille de celui-ci le donna à Henri Scheffer, le père de Mme Ernest Renan. Ce fut Ary Renan qui le trouva en collationnant des papiers de famille et qui le publia. Ce document n'étonna pas ceux qui avaient lu le livre si curieux de Broussais, *L'irritation et la folie.*

» Cette page de haute philosophie, toute déconcertante soit-elle, valait mieux, tout de même, que la nasarde de ce chroniqueur qui vivait en bohême, mettant de côté des centaines de mille francs, obéissant au besoin de thésauriser comme ses ascendants sémites. Pas un de ses amis n'eut un souvenir, pas une de ces bagues bizarres qu'il portait avec ostentation, pas un bibelot, rien ; pas même

» A chacun l'escaille d'un œuf,

comme dit Villon, dans ce curieux *petit testament* où il révèle des sentiments d'humanité, tout relaps qu'il était, perdu de mœurs et de vices toute sa vie « qui fist choses moult deshonnêtes » et avouant en disant adieu à ce monde que

» Folles amours font les gens bestes.

» Mais qu'on me pardonne d'évoquer Villon qui, tout coquin qu'il fût, avait l'âme généreuse et l'esprit vibrant d'un grand poète.

» Jean BERNARD ».

***

La conscience du testateur repose en paix lorsque la mort a saisi le vif. C'est le moment appelé ouverture de la succession ou ouverture du testament, lorsque le défunt a testé, moment psychologique s'il en fût, où les sentiments de l'âme des représentants du défunt se reflètent en des manifestations diverses.

Je ne parlerai point des successions dans lesquelles les enfants sont les héritiers légitimes, le partage s'opère généralement en silence dans les familles unies, avec des regrets sincères de la mort de parents aimés et respectés.

Mais les successions collatérales ou représentées par des légataires présentent un caractère où le plus souvent l'indifférence sentimentale n'a d'égale que la cupidité.

La surprise désagréable, lorsque l'actif n'est pas celui espéré, pousse parfois le légataire à des réflexions que le notaire liquidateur ne peut entendre sans protester, pour la mémoire du *de cujus,* dont le souvenir est fort éloigné, tant, dit la maxime, « les morts vont vite ».

Cette maxime me rappelle l'épitaphe suivante qu'une jeune veuve du petit pays de V... avait fait inscrire sur le tombeau de son mari :

Regrets éternels. Dors en m'attendant. Ton épouse éplorée.

Un an après, elle était remariée, mais, au préalable, une nuit de beau clair de lune, elle est allée au cimetière gratter l'épitaphe compromettante.

Toutes ces successions ne sont pas représentées par des ingrats et si je me suis appesanti sur l'exemple précédent, c'est pour montrer des sentiments bas que l'instruction et l'éducation devront faire disparaître.

D'ailleurs un jour viendra peut-être où les héritiers se compteront.

Les besoins financiers qui suivront la guerre devront grever si lourdement les budgets que le capital que laisseront les parents sera trop facile à partager.

Et si certains de nos législateurs avaient la majorité à la Chambre, les successions n'existeraient plus.

C'est ainsi que M. Jean Bon, que j'ai cité au début de cet ouvrage, traite la question, s'il faut en croire M. Delahaye, sénateur, qui le rappelait, le **31 décembre 1917**, lors de la discussion de la loi sur les droits de succession.

« Nous avons toujours pensé, nous pensons toujours, que tout enrichissement qui ne vient pas du travail propre de l'individu et exclusivement de ce travail propre, étant injuste, doit revenir à la collectivité.

» Toutes ces sources de richesses que l'on appelle spéculation, succession, et je dirai d'un mot, tout ce qui fait acquérir par voie d'aubaine, si nous ne vous en demandons pas ici la suppression immédiate et totale, c'est parce que nous ne sommes pas encore les plus forts, c'est-à-dire que nous n'avons pas encore entraîné l'opinion publique; mais alors, quand notre doctrine aura triomphé,

toutes les successions, même aussi celles de 1 à 2.000 francs, viendront grossir le trésor collectif (*Applaudissements sur divers bancs du parti socialiste*).

» Et M. Delahaye ajoutait :

» Nous n'en sommes pas encore là, mais nous n'en sommes pas bien loin, puisque le Parlement accueille les desiderata de M. Jean Bon ».

CHAPITRE TROISIÈME

Les Notaires honoraires.

Mon cher Ami, je vous ai guidé dans la vie professionnelle des notaires en vous donnant quelques exemples de leurs actes qui, sans doute, vous suffiront pour vous faire une opinion. Je continuerai ce travail par l'examen de la situation des notaires honoraires, le rôle des notaires et des femmes pendant la guerre et je terminerai par une étude sur l'après-guerre.

Lorsque le jeune débutant s'installe dans son étude, il ne songe pas que sa fin est prochaine, tant est rapide la vitesse du temps.

Mais avec les années, il comprend qu'il faut y penser et c'est en regardant vers l'avenir qu'il aperçoit l'étoile qui brille dans le lointain et éclaire le chemin qui le conduira au but à atteindre : « *l'Honorariat* ».

C'est que l'honorariat représente pour le

notaire la consécration d'une vie toute de labeur et de probité.

Vous autres, artistes..., vous pouvez vivre dans le travail professionnel, avec la foi qui soutient et élève, sans avoir l'espoir d'obtenir ce titre honorifique qui classe dans la catégorie des collègues distingués, les « Honoraires ».

C'est donc un brevet vers l'obtention duquel tout notaire qui se respecte doit diriger son ambition, bien qu'il ne soit pas toujours facile d'arriver jusque-là.

L'honorariat décerné par le gouvernement, dont il est le seul dispensateur, nécessite vingt longues années d'exercice de la fonction nota-riale, sans qu'une faute grave ait été commise par le postulant.

Ceci n'est pas tout, il faut encore le suffrage des confrères de la chambre de discipline à laquelle appartient le candidat. Or, vous n'igno-rez pas que pendant une période aussi longue, il n'est guère possible de ne pas avoir eu quelque discussion d'intérêts avec ses voisins causée par l'envie et la jalousie, ces vipères si difficiles à détruire.

Le mérite de celui qui brigue à ce titre est d'autant plus grand qu'en quittant la vie active il se retire avec la confiance et l'estime de ses confrères.

Je voudrais qu'avec le diplôme, le gouvernement délivrât au notaire honoraire un insigne, qui consacrerait son dévouement professionnel.

Ne riez pas, cette idée s'appuie sur l'exemple des vieux serviteurs auxquels le gouvernement distribue la médaille du travail après une longue collaboration.

Voir le décret du 4 avril 1914 concernant les clercs sur ce sujet.

Les notaires n'ont-ils pas eux-mêmes sacrifié le meilleur de leur existence au service de la société.

Le rôle des notaires n'est pas terminé lorsqu'ils n'exercent plus; ils ont le droit d'assister aux assemblées générales de leurs confrères, et s'ils n'ont pas voix délibérative, ils peuvent du moins faire profiter de leurs longues expériences leurs jeunes successeurs.

Ils forment dans ces réunions l'aréopage ou conseil des anciens dont les sages avis ne sont point à négliger.

Saluons avec respect ces vétérans du notariat.

Les Notaires et la Guerre.

Lorsqu'on se reporte aux premiers jours d'août 1914, on frémit encore au souvenir du tocsin, dont les appels lugubres firent battre d'angoisse les cœurs de France.

Les familles françaises se regardèrent avec consternation.

Les pauvres mères éplorées se jetèrent dans les bras de leurs maris et de leurs enfants. L'heure du grand sacrifice à la patrie venait de sonner, par la volonté sauvage et criminelle de l'Allemand.

Il ne fallait plus songer à discuter mais à agir : la patrie était en danger, notre éternel ennemi avait juré de la détruire. L'amour filial ne devait plus compter.

C'est que, comme l'a écrit Verlaine, qui, né à Metz, avait vivement souffert en 1870 des horreurs tragiques de la guerre :

L'amour de la patrie est le premier amour.

Après les effusions du premier moment et ayant réglé rapidement quelques affaires, chaque citoyen prit son livret militaire et partit où l'appelait le devoir.

Les notaires en âge de faire la guerre se diri-
gèrent avec enthousiasme vers le lieu qui leur
était assigné.

Je vois encore, par la pensée, les gares rem-
plies des milliers d'hommes qui venaient de
quitter leurs foyers et les trains bondés de ceux
qui roulaient déjà vers la frontière envahie.

Ce fut un spectacle d'une grandeur tragique ;
les chants patriotiques remplissaient l'air de
leurs mâles accents, les fleurs jetées à pleines
mains par les femmes parfumaient les trains,
les armes elles-mêmes en étaient couvertes. Qui
de nous n'a pas vu les canons enguirlandés de
roses et de verdure.

L'élan de la nation fut admirable ; l'espoir
d'une revanche courait par les routes et sur les
voies ferrées, avec la rapidité de l'éclair. Nous
allions en finir avec cette épée dont la nation
abhorrée nous menaçait à chaque printemps.

Nous étions attaqués, nous allions nous défendre et le désir de vaincre nous faisait penser
que le massacre serait terrible, mais de courte
durée.

Ce fut terrible, inénarrable, et cela continue
depuis quatre ans ! !

La catastrophe, car c'en est une, n'est pas à
sa fin, c'est vrai, mais des symptômes indiquent
qu'elle n'est plus éloignée.

Le colosse boche, n'ayant pas vaincu le pygmée français après quatre ans d'une lutte acharnée, ne pourra plus espérer le terrasser. La résistance de l'âme française a été plus solide que la matière infernale déversée par l'ennemi sur nos défenseurs et notre territoire.

Le sacrifice aura été grand et il pèsera lourdement sur la nation, car il y a peu de familles françaises qui n'aient pas été atteintes par la guerre (1).

Le corps notarial, comme les autres institutions, a fait son devoir et si au début du grand choc des malveillants ont clamé que les notaires n'étaient pas au danger, ils pourront, en consultant la liste trop longue certes des notaires et des clercs morts au champ d'honneur, regretter leur mauvaise foi ou leur ignorance.

Nos héros méritent que ces beaux vers de V. Hugo leur soient appliqués :

> Ceux qui pieusement sont morts pour la Patrie
> Ont droit qu'à leur cercueil la foule vienne et prie.

Ils apprendront aussi que le courage, la vaillance et l'abnégation ont reçu de nombreuses citations fort élogieuses et des récompenses

---

(1) Au moment où cet ouvrage sortira des presses, le Boche et ses alliés auront demandé grâce; la France sera délivrée et le monde sauvé. La grande joie illuminera la terre de nos aïeux !

méritées. Il n'est pas rare de rencontrer des notaires et des clercs à la poitrine fleurie du ruban écarlate de la Légion d'honneur ou des rubans de la croix de guerre ou de la très glorieuse médaille militaire.

Le monde entier a été tout d'abord surpris de la résistance de la France, l'ennemi lui-même comptait sur son esprit frondeur et sa versatilité pour l'abattre et lui faire demander grâce.

Dans son immense orgueil, il a toujours manqué de psychologie; il n'a pas compris l'âme française qui ne ressemble point à l'âme du boche, si celui-ci en a une.

C'est que les Français défendent un « principe » de civilisation et de droit, tandis que les Allemands attaquent et combattent pour la « maîtrise du monde ».

Grâce à cette différence, nos ennemis ont vu se liguer contre eux, et en alliance avec la France, les peuples libres qui ne veulent point être enchaînés au char de leur empereur.

La France immortelle est le flambeau qui fait fuir les sinistres oiseaux dans la nuit; elle rayonne sur notre sphère d'un éclat incomparable.

Elle fut de tous les temps la défenderesse du droit que la force opprime, c'est ce qui explique sa force d'attraction sur les autres nations.

C'est là une vérité que Jacques Richepin, le fils du grand poète, a traduite en vers magnifiques dans sa pièce héroïque *La guerre et l'amour*, représentée au théâtre de la Renaissance le 15 décembre 1916.

La scène se passe sous Bonaparte, mais elle présente des situations qui peuvent être assimilées à celles d'aujourd'hui, les peuples des empires centraux se trouvant toujours sous la férule de leurs gouvernements autocrates et les puissances libérales étant nos alliées.

L'héroïne de la pièce, une brave Française qui a su profiter de sa situation pour vaincre un ministre félon autrichien qui voulait se servir d'elle pour trahir la France, lui lance avec flamme :

> Une émeute ! mais c'est le peuple tout entier
> Qui, las de l'esclavage où vous l'avez fait vivre,
> Appelle à lui la France enfin qui le délivre.
> Écoutez, écoutez leurs cris multipliés....
> C'étaient nos ennemis, ce sont nos alliés.
> Ah ! c'est cela toujours qu'oublient dans leur démence
> Ceux qui ne craignent pas d'attenter à la France ;
> C'est que, partout, jusque parmi ses ennemis,
> Elle a pour alliés obscurs et pour amis
> Tous ceux dont le droit souffre et que la force opprime,
> Tous les martyrisés et toutes les victimes,
> Tous ceux qui, criant au secours, ont souhaité
> Un peu moins de misère, un peu plus de bonté.

La France, c'est en elle, en sa force féconde,
Qu'auront communié tous les espoirs du monde.
Qu'elle fût République ou bien qu'elle eût des rois,
C'est elle qui toujours a défendu le droit.
Quand la France se bat, c'est dans l'ordre des choses
Qu'elle se batte encor pour une noble cause,
Et que dans la bataille on voie à ses côtés
La justice qui marche avec la liberté.
C'est la France qui maintenant, comme naguère,
Par amour de la paix fait la guerre à la guerre,
Jetant dans les combats ses enfants résolus,
Pour tâcher d'imposer qu'on ne se batte plus;
Car c'est elle, elle encor, qui, dans les pires heures,
Rêvant un idéal d'humanité meilleure,
Osa montrer du geste éternel de sa main
Les temps futurs vers qui le monde est en chemin.
C'est pour cela, pour l'idéal qui l'auréole,
Pour ce qu'ont inventé sa plume et sa parole,
C'est pour son avenir et c'est pour son passé,
C'est pour son cœur sublime et désintéressé,
C'est pour ce qu'elle apporte aux peuples d'espérance,
Oui, c'est pour tout cela qu'on ne vainc pas la France!

Les Suppléants.

Pendant que le titulaire se bat et défend le sol sacré du territoire, l'étude reste ouverte, la loi n'en permettant pas la fermeture, dans l'intérêt public.

Des suppléants ont été donnés à chaque

notaire, soit sur l'indication de celui-ci, soit d'office. Ces suppléants sont, pour la plupart, des notaires en exercice qui partagent leur temps entre plusieurs études, ou des notaires honoraires que la nécessité a rappelés au service actif.

A défaut des uns et des autres, le choix s'est porté sur des clercs en activité, d'anciens clercs, des huissiers, des greffiers, des avoués ou encore des notaires réfugiés.

Quelle que soit la catégorie des suppléants faisant fonction de notaire, on peut déclarer sans crainte qu'ils remplissent leur rôle avec dignité, désintéressement et dévouement.

La guerre paraissait devoir être de courte durée ; en se prolongeant, la charge, acceptée avec empressement par tous les suppléants, est devenue très lourde pour la plupart.

C'est qu'il y a quatre ans, ils étaient encore alertes, actifs, de bonne santé, et depuis les années se sont appesanties sur leur « porte-plume », en sorte que, malgré la meilleure volonté, ils ne peuvent pas toujours donner à la marche des affaires, qui d'ailleurs se multiplient, la rapidité que la nécessité exige.

La gratitude devra être la première manifestation des notaires à leur retour de la guerre à l'égard de leurs suppléants ; ils ne devront pas oublier le sacrifice consenti volontairement et souvent gratuitement de leur temps et de leurs peines. Et lorsqu'ils auront eu un suppléant des pays envahis, ils devront ajouter cette chose qu'on n'exprime pas mais qui se comprend, par la manière dont elle est donnée et va au cœur de celui qui la reçoit : l'affection.

Oui, les sentiments affectueux sont nécessaires pour soulager les infortunes de nos malheureuses populations des pays envahis qui, ayant tout perdu, se réfugient dans des foyers improvisés pour abriter leurs douleurs.

L'accueil sympathique n'est pas suffisant, il faut y joindre les bontés du cœur.

Les suppléants sont des soldats — des pépères — du devoir social ; ils auront bien mérité du notariat.

La Femme française pendant la Guerre.

____

Après le départ de son mari et du personnel de l'étude, la femme du notaire, loin de se dérober au devoir, retint ses larmes et se mit à l'œuvre.

Elle avait reçu une éducation qui ne l'avait pas préparée au grand sacrifice, mais les événements l'ont révélée à elle-même.

Comprenant que, gardienne de la famille, son rôle devait s'étendre à la défense des intérêts qui étaient confiés au cher absent, elle se plongea dans le travail.

Le suppléant ne pouvant donner sa présence continue, la femme du notaire, surtout à la campagne, se chargea de le remplacer et devint son collaborateur.

Depuis lors, elle reçoit le client, prend des notes pour la rédaction des actes, prépare même ceux-ci lorsqu'ils contiennent de simples conventions. Elle remplit, en outre, les fonctions de caissier et quelquefois d'expéditionnaire pour l'accomplissement des formalités légales.

Elle donne un exemple bienfaisant sans chercher à se faire valoir.

La femme du notaire des villes, privilégiée en ce sens qu'elle a moins à s'occuper des affaires, parce qu'il est plus facile de trouver des clercs et des suppléants, ne perd pas son temps.

Elle fait partie du Conseil des Femmes françaises, de cette fédération d'œuvres et de sociétés féminines, où les droits revendiqués s'appuient sur les devoirs remplis.

Elle recueille en faveur des réfugiés et des autres victimes de la guerre des sommes importantes et soigne nos héros dans les hôpitaux, enrôlée dans la Croix-Rouge.

L'une et l'autre font partie de cette cohorte des femmes françaises dont l'effort a été le sujet d'une conférence donnée par M. Louis Barthou, ancien président du conseil, à la Sorbonne, le 9 avril 1917.

Le grand orateur a traduit ses impressions dans des termes émotionnants qu'il faudrait rapporter entièrement. Je me bornerai à citer quelques passages pour fixer, à la louange des femmes françaises, le souvenir de leur dévouement inaltérable.

« La femme, dit M. Barthou, s'est haussée d'un seul coup aux devoirs suprêmes ; elle a pris dans cette lutte sa part d'action et son rang d'honneur. Elle a été l'un des éléments décisifs de la défense nationale.

» La douleur, loin de se dérober au devoir, l'appelle et s'y exalte. C'est la seule atténuation, puisqu'aucune consolation n'est possible, qui convienne aux âmes fortement trempées. Les femmes que le malheur a frappées, mères, épouses, filles, sœurs, fiancées, restent debout à l'image de la France meurtrie, qui ne peut pas, qui ne veut pas mourir. Leurs larmes, qui hélas ! n'en sont pas moins amères, coulent en dedans. C'est pour soutenir les autres que ces femmes se contiennent. Avec un stoïcisme dont la simplicité rehausse la grandeur, elles donnent en exemple, non leur douleur, mais leur courage ».

Et, plus loin, le grand orateur ajoute :

« Où ces mères puisent-elles leur force ? Dans leur sacrifice ».

Le grand poète l'a dit aussi :

Les mères ont un but profond, vivre en leur fils.
De là leur dévouement sacré : tout les ramène
Au devoir, et leurs cœurs sont toute l'âme humaine.

» Loin des frontières, sur toute l'étendue du territoire, dans les villes et dans les villages,

les femmes se sont partout dépensées en initia-
tives généreuses où elles ont mis le meilleur
d'elles-mêmes.

» Pendant que les paysannes remplacent aux
champs les « gars » que la guerre a pris, les
ouvrières, peu à peu, remplacent aussi dans
les usines et renvoient au front, où ils sont
nécessaires, les ouvriers de la guerre qu'une
spécialité ne retient pas ».

Le conférencier termine ainsi :

« La femme française, dont je m'excuse de
n'avoir pu qu'esquisser le magnifique effort de
guerre, poursuivra cet effort jusqu'au bout ».

L'Après-Guerre.

Nous voici parvenus au terme de notre étude ; mais permettez-moi, mon cher Rolland, avant de nous séparer, de jeter un regard sur l'avenir, sur *l'après-guerre*.

Quelles seront les conséquences du cataclysme ?

Peut-on, dès maintenant, songer aux changements sociaux qui s'opéreront dans le monde entier et pouvons-nous fixer les formes qui évoluent avec les événements ?

Le cas est difficile et cependant ces questions ne peuvent rester sans réponse.

Les milieux gouvernementaux et les grandes associations et administrations s'en préoccupent.

Le notariat ne peut rester indifférent, parce qu'il sera, sans aucun doute, entraîné dans le mouvement et, suivant la position qu'il aura prise, il bénéficiera de ces évolutions ou il en deviendra la victime.

De nombreux projets s'élaborent et l'un

d'eux, dont le but pour décentraliser est le partage de la France en *régions,* en secteurs, comme l'on dit à la guerre, paraît grouper d'ardents partisans.

Le notariat sera-t-il compris dans cette division et y trouvera-t-il un avantage?

Les bonnes volontés resteront-elles individualistes ou seront-elles disciplinées, coordonnées comme certains le désirent?

.La France, en tout cas, ne pourra rester un terrain inculte, la reconstitution de la propriété rurale s'imposera, mais sous quelle forme.

Reviendra-t-on aux grandes propriétés en sacrifiant les petites et moyennes propriétés dont la prospérité des dernières, avant la guerre, était un fait avéré.

C'est à craindre, et déjà des sociétés dites coopératives, pour la culture de vastes domaines, se sont créées, faisant disparaître de la campagne les quelques ouvriers agricoles qui s'étaient attachés à la terre.

La main-d'œuvre agricole sera très rare par suite du vide creusé par de longues années de batailles.

Le cheptel est très appauvri et il devra être amélioré.

Le matériel devra suivre l'évolution et s'adapter aux conditions nouvelles.

Les notaires de campagnes devront donner leurs conseils et accorder leur concours pour le développement de cette organisation et maintenir le cultivateur aux champs.

L'industrie a eu peut-être plus à souffrir que l'agriculture de ces années improductives, attendu que son matériel a reçu un emploi auquel il n'était point destiné. Tout est à créer sur des bases nouvelles.

Enfin, le commerce extérieur surtout, diminué sinon supprimé, devra faire de grands efforts afin de ne plus être tributaire de nos ennemis.

Le notariat, que l'on peut comparer à un pauvre en habit noir, a eu à supporter une large part des rigueurs de ces situations malheureuses.

Retenu par des lois rigoureuses, dans des limites restreintes, il ne pourra qu'attendre, en souffrant, pendant de longues années, le moment où la France revivifiée lui permettra réellement de vivre.

Et pour assurer son avenir, il lui sera nécessaire, indispensable même, d'établir, par les moyens discutés dans nos *Congrès, une réputation d'honneur indéfectible.*

Ce sera sa grande préoccupation dès la fin des hostilités.

6*

D'autres problèmes seront à résoudre, notamment celui du changement de la compétence territoriale dont certains notaires se sont portés les défenseurs.

Je m'arrête à ces considérations générales, en vous donnant, mon cher Ami, rendez-vous pour l'inauguration de votre symbole, au jour tant désiré, où nous pourrons célébrer notre victoire, en répétant avec enthousiasme cette partie de notre hymne national :

Allons enfants de la Patrie
Le jour de gloire est arrivé.

Table des Matières.

37.077. — Bordeaux, imprimerie Y. Cadoret, 17, rue Poquelin-Molière.

www.ingramcontent.com/pod-product-compliance
Ingram Content Group UK Ltd.
Pitfield, Milton Keynes, MK11 3LW, UK
UKHW020022100726
13658UKWH00003B/1051